AF218220

Maneras de leer

Pepitas de calabaza s. l.
  Apartado de correos n.° 40
  26080 Logroño (La Rioja, Spain)
  pepitas@pepitas.net
  www.pepitas.net

ISBN: 978-84-10476-12-7
Dep. legal: LR-1772-2024

Primera edición, enero de 2025

EDUARDO BERTI

Maneras de leer

Pequeño obrador de lecturas potenciales

Ilustraciones de ÉTIENNE LÉCROART

«Instalar una ley es romper otra. [...] Mantener una ley implica también reinventar permanentemente esa ley».

Boris Groys,
Volverse público

«Victorine cerró los ojos y siguió leyendo».

Edmond About,
Les Mariages de Paris

Breve nota para un método

MUCHOS AUTORES HAN AFIRMADO o han sugerido que la creación literaria puede entenderse como un «gran juego que se juega seriamente». Si convenimos que es así, ¿por qué tendría la lectura que ser solemne, taciturna? Si leer puede ser una fiesta, ¿por qué limitarse a una serie de reglas idénticas o de protocolos previsibles?

Desde luego, toda lectura es creativa. Por ejemplo: cada lector o lectora tiene que poner una cuota de sí para completar esa descripción (de un lugar geográfico, de un personaje, de un objeto, de una emoción) que propone el autor del libro. Cada lector o lectora ha imaginado una voz distinta para Don Quijote o para la pequeña Alicia, un rostro diferente para madame Bovary, un aspecto monstruosamente singular para la metamorfosis de Gregorio Samsa.

Esto no significa, claro está, que no existan lecturas más creativas o más singulares que otras.

Aprender a leer de otras maneras, ¿es una forma de aprender a habitar el mundo de otras maneras?, ¿es una forma de ensanchar nuestra percepción de lo que nos rodea?, ¿es acaso una forma de preguntarse qué es exactamente una «mala» o una «buena» lectura, una lectura «fiel» o más bien «infiel»?

Así como existen talleres de escritura o métodos y «ejercicios» para estimular la creatividad, ¿por qué no podría existir una especie de método o taller de lectura creativa? Así como existe el Taller de Literatura Potencial (Oulipo), ¿por qué no podría existir una especie de Taller de Lecturas Potenciales?

Este es quizás el único libro mío cuya moraleja creo conocer: que si vivimos como leemos y leemos como vivimos, tal vez no vendría mal aprender a leer de otros modos; al menos, para sacudir ciertas rutinas.

¿Hace falta un método para algo así? Probablemente no. Probablemente esto no sea más que una broma o una provocación. Como aquellas instrucciones para hacer cosas (subir las escaleras) que no demandan instrucciones.

A lo mejor, este método no es más que un sincero tributo a la lectura. Un tributo bastante explícito que dio comienzo con mi libro *Círculo de lectores* (2019) o incluso bastante antes, con mi segunda novela: *La mujer de Wakefield* (1999).

Una versión más breve de este texto apareció como una de las muchas secciones que componen *Círculo de lectores* y fue el punto de partida para este método.

Agradezco a Juan Casamayor y a la editorial Páginas de Espuma por haber permitido que unos pocos fragmentos de la primera versión vuelvan a ser incluidos en este libro. Agradezco las lecturas y comentarios de mis admirados Daniel Levin Becker y Jean-Marie Saint-Lu. Agradezco también a Lola Rubio, Mariana Rey, Gastón Levin y todos en Fondo de Cultura Económica de Argentina, a Benoit Verhille y a todos en La Contre-Allée, Francia (el libro salió editado por ellos en una versión algo diferente) y, por supuesto, a Julián Lacalle y a todo el equipo de Pepitas.

Si algunos lectores desean proponer nuevos métodos, pueden enviarlos a metodoparaserlector@gmail.com. Una comisión de 273 sabios se encargará de experimentarlos y evaluarlos, uno por uno.

EDUARDO BERTI,
noviembre de 2024

I.

EMPIECE A LEER UN libro. Llegado a un punto anterior a la exacta mitad del libro (en la página 130, por ejemplo), piérdalo.

Encuentre otro. Haga de cuenta que es el mismo libro. Vaya enseguida a la página 130 y lea, a partir de allí, hasta el final.

Es posible que deba hacer una serie de adaptaciones: entender que Mary ahora se llama Tania, que el pueblo rural de Texas es ahora un barrio de la gélida Novosibirsk, que míster Wilkinson no tiene más gallinas porque la señora Ivanov y las dos cabras de la señora Ivanov han ocupado en gran medida su lugar. Situaciones de esta clase.

Dígase que para esto sirven los buenos lectores.

2.

CORTE UN LIBRO QUE no pudo terminar (que le resultó aburrido y «se le caía de las manos», como reza la expresión), córtelo con la complicidad de una tijera de acero (que no sea una de plástico, barata), construya una casa inmensa, un palacio de papel.

Pase unos meses adentro. Viviendo, pensando, durmiendo. Leyendo de vez en cuando lo que dicen las paredes, si es que los fragmentos de frases tienen algo para decir. Sienta que ahora, sí, al fin, este libro no lo expulsa, que se siente muy a gusto en el seno de sus palabras.

Invite a un amigo a pasar unos días en la casa.

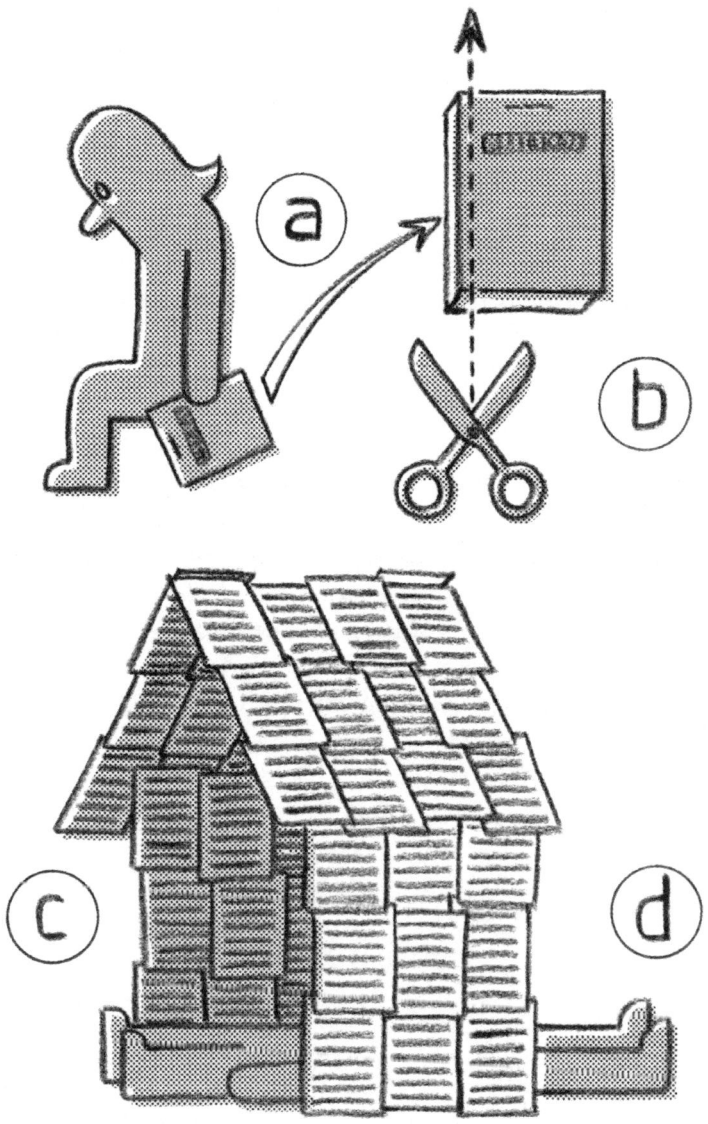

Vea si puede imitar firmas ajenas. Al principio, usted lo intentará convencido de ser otro y llamarse de otro modo, pero la firma de siempre brotará de los dedos, con terquedad.

Con la práctica llegará a plasmar firmas tan diversas que nadie sospechará que son de una misma mano.

Pase entonces a la etapa superior: dedíquese algunos libros de su vasta biblioteca. No importa que Thackeray esté muerto hace siglos; no importa que Gustave Flaubert jamás habría estampado una frase cordial (o no) en castellano. Tome un libro de los que se consideran «inmortales» y haga que un escritor famoso se lo dedique a usted, lector ignoto.

Lea el libro (o reléalo) bajo la emoción de la dedicatoria.

4.

ABRA UNA NOVELA DE manera azarosa. Lea una página par, luego su vecina impar. Al llegar al fin de la segunda página, vuelva al inicio de la página par. Repita el procedimiento dos, tres, diez, cincuenta veces, tantas como le haga falta para volverse un lector atrapado en un remolino.

Repita el procedimiento convencido, sin embargo, de que avanza. Verá cómo, al releer las dos páginas, las palabras no son las mismas, las acciones no son las mismas y usted tampoco es el mismo.

Descubra la falsedad que hay en ese lugar común que habla de dar vuelta una página de manera definitiva.

COMPARE EL LIBRO QUE descansa sobre su regazo con alguno de sus amigos o, mejor, de sus conocidos: esas personas que frecuenta desde hace varios años y que no conoce tanto, en realidad.

Piense en todo lo que sabe de este libro (de las personas que viven en el libro) pese a que usted y él se frecuentan desde hace apenas un par de horas.

Piense en ese libro como si fuera un viejo amigo.

Piense en él como si fuera una de esas amistades fugaces que uno se hace en un viaje y que, por unos pocos días, parecen sintetizar todas las amistades, las pasadas, las presentes y las futuras.

6.

DESPUÉS DE ORDENAR SU biblioteca de manera estricta-
mente alfabética (primera-segunda-tercera-cuarta letra
del apellido de cada escritor), analice la distribución de
los autores.

Estudie las vecindades tomando en cuenta el orden alfabético y la cronología histórica.

Deténgase en aquellos casos en los que la situa-
ción hace pensar en cuando, en nuestra niñez, la lle-
gada de un nuevo alumno causaba una pequeña con-
moción escolar.

¿Bolaño desembarcó con sus libros para separar a
Bioy de Borges? ¿Mauriac llegó con el fin de separar a
Maupassant de Maurois? ¿Saer vino para que se distan-
ciaran Sabato y Sarmiento?

Encuentre casos similares.

7.

APUNTE EN UNA HOJA seis o siete comienzos de frases.
Por ejemplo:

Tengo miedo a...
Siempre quise...
Me gusta...
Nunca he soportado...
Siempre pensé que...
Lo más importante es...

Abra un libro al azar y busque imágenes o ideas
que completen estos comienzos. Hágalo, de ser posible, leyendo sin saltear a partir de la página abierta.

8.

Lectura *zapping*.

Siente a seis personas a lo largo de una mesa (que será justamente larga) y pídales que lean en silencio.

Colóquese frente a ellas, al otro lado de la mesa, con un control remoto en las manos.

Cada una de las seis personas leerá en voz alta cuando usted les apunte con el control. Las otras seguirán leyendo en silencio, hasta que usted apunte a otra persona: entonces, quien llevaba la voz cantante se callará y la persona elegida empezará a leer en voz alta.

No importa que se oigan frases truncas o empezadas. No importa que mezcle usted poesía, ensayo, narrativa y periodismo. Al contrario, eso causará un mejor «efecto *zapping*».

TOME DOS O TRES páginas de un escritor del siglo XIX: Iván Turguéniev, por ejemplo.

Reescríbalas cambiando únicamente la puntuación.

Haga dos versiones.

En el caso de la primera, el texto tiene que decir exactamente lo mismo con una puntuación lo más diferente posible al original.

En el caso de la segunda, logre que el texto diga algo muy alejado del original mediante pocos cambios de puntuación.

En ninguno de los casos puede usted alterar alguna de las palabras.

LEA UN LIBRO. PÍDALE a otra persona que le hable mientras lee.

Si la otra persona pronuncia una palabra en el instante mismo en que usted la estaba leyendo en su libro, intercambien los roles: será usted quien hablará ahora y será la otra persona quien lea.

Repita y recomience todas las veces deseadas.

(Como Milorad Pavić presenta este juego en su *Diccionario jázaro*, se recomienda utilizar la novela de Pavić para esta experiencia).

II.

Tome una novela publicada hace más de treinta años. Escoja una novela realista; descarte las novelas históricas, fantásticas o de ciencia ficción.

A medida que lee, subraye las acciones y los objetos que permiten ver que el libro fue escrito hace más de tres décadas: objetos como un casete de audio, acciones como las de hablar desde un teléfono público y otros detalles por el estilo, que el narrador menciona con absoluta naturalidad.

(Puede divertirse, si quiere, «traduciendo» o adaptando la novela al tiempo presente, remplazando las cosas y las acciones antiguas por cosas y acciones contemporáneas).

Pruebe a hacer lo mismo con las marcas lingüísticas que hayan envejecido: palabras, expresiones, etc. Para esto último, use una novela escrita en su idioma natal.

BUSQUE DOS TEXTOS (DOS poemas, dos cuentos) de autores diferentes, en los que parezca que uno está parodiando al otro.

Debe tratarse, claro está, de una parodia involuntaria.

Para que no queden dudas acerca de lo involuntario, trate de que la supuesta parodia sea anterior al texto supuestamente parodiado.

FABRIQUE UN CONFESIONARIO EN su casa. Elementos recomendados: una o dos sábanas, cartones, maderas, dos sillas. Invite a varios amigos (si son ateos, mejor).

A un lado, el pecador susurrará su falta. Al otro lado, en vez de un sacerdote, se instalará usted con su antología poética preferida.

Escoja un poema de acuerdo con el pecado de turno. Léalo como si soltara una plegaria, en un susurro, de manera que únicamente lo oiga el pecador.

Nabokov y Rimbaud veían las letras en color.

A negra, E blanca, I roja, U verde, O azul, en el caso de Rimbaud.

Azul acerado la X, azul claro la C, verde pistacho la T, distintos tonos de amarillo para la D y la U, en el caso de Nabokov.

Haga la prueba con palabras.

Tome un poema o un relato. Subraye dos sustantivos que le hagan ver colores. Trate de que sean dos colores diferentes.

Coloree cada uno de los sustantivos.

INSPIRE. LEA TRES FRASES. Exhale. Cierre los ojos.

Repita lo que recuerda de las tres frases recién leídas.

Inspire, vuelva a abrir los ojos (despacio, no se maree) y compare su recuerdo (la reescritura que hizo su memoria) con el texto original.

Tome un texto en prosa de poco contenido poético. Puede ser el fragmento de un ensayo o de un artículo periodístico. Un texto no muy largo: entre sesenta y cien palabras, más o menos.

Entréguele el mismo texto a cinco o seis personas distintas.

Cada una de estas personas volcará el texto en una página como si fuese un poema en verso libre, sin rimas y con métrica irregular. La única modificación posible consiste en alterar o quitar los signos de puntuación.

Haga usted lo mismo sin imponerse, tampoco, un número mínimo ni máximo de versos.

Compare visualmente los resultados.

PRÉSTELE UNA NOVELA BREVE a un amigo.

Propóngale que subraye seis pasajes (de no más de diez líneas) que le gusten particularmente y cuatro pasajes (de no más de diez líneas, también) que no le gusten o que le parezcan inferiores al resto del libro.

Pídale que subraye esos pasajes (diez, en total) sin hacer distinción alguna: con el mismo color de tinta, sin indicar si es una marca positiva o negativa.

Lea la novela tratando de inferir cuáles son los seis pasajes que le gustaron a su amigo y cuáles los cuatro que no le gustaron.

LLÉVESE UN LIBRO A la cama. El libro debe ser el adecuado: ni muy duro, ni muy grueso, ni demasiado pequeño. Un libro, de preferencia, escrito por un autor o una autora con quien le gustaría o le habría gustado pasar una noche.

Pruebe de abrazar el libro, de apretarlo contra su pecho. Pruebe de colocarlo entre sus piernas. No descarte la idea de usarlo de almohada, aun a riesgo de que las palabras bien o mal impresas se inmiscuyan en sus sueños.

En cuanto a si conviene acostarse con un libro no leído, en plena lectura o totalmente leído, acaso deba repasar lo hecho en todos estos años con las personas de carne y hueso con las que ha compartido colchón.

Busque en el libro que ha empezado a leer hace pocos días una frase que le gustaría escribir, a manera de grafiti, en algún muro del pueblo o la ciudad donde usted vive.

Una vez que eligió la frase, imagine la pared o el punto de la ciudad donde su grafiti quedaría mejor y tendría mayor sentido.

Piense también (si lo desea) cuál puede ser la grafía más idónea para esta frase.

Tache todos los adjetivos del libro que está por leer. Añada, en lugar de ellos, un solo adjetivo: uno solo, siempre el mismo.

Repita, meses más tarde, con un adjetivo distinto. (No tiene por qué elegir ese adjetivo según su estado de ánimo). Compare las dos lecturas.

Variante para dos personas: antes de sentarse a leer la novela que ha elegido como compañera para los próximos días, pásele el libro a un amigo y pídale que tache veinte adjetivos al azar en las últimas cincuenta páginas. Pídale también a este amigo que no le diga cuáles son los adjetivos que ha tachado.

Dedíquese entonces a leer. Imprégnese de la historia, del ambiente, de los personajes principales y, ante todo, del estilo del autor, lo cual hará que se familiarice con la música de sus frases, con su vocabulario o con su mirada del mundo.

Al llegar al tramo final, trate de inferir cuáles son las palabras tachadas. Desde luego, su amigo habrá tomado el recaudo de anotar en un papel los adjetivos tachados (uno por uno, con su respectivo número de página) y de encerrar esa lista en un sobre.

Fíjese si ha adivinado alguno de ellos. Compare sus elecciones con los adjetivos del autor.

LLAME A UN NÚMERO telefónico donde haya un contestador. Lea un fragmento de un libro, unas diez líneas.

Nadie debe advertir que usted está leyendo, mucho menos darse cuenta de que lee el extracto de un libro.

Busque en una biblioteca libros de escritores que narren sus sueños, como los de Georges Perec, Graham Greene, Elsa Morante o Walter Benjamin.

Lea cada noche, justo antes de dormir, durante dos o tres semanas seguidas, uno de los tantos sueños incluidos en esos libros. Uno solo, nada más.

Al despertar, antes de distraerse y perder la memoria onírica, rememore lo soñado y vea si tiene algún punto en común con su lectura.

Cambie de escritor cada noche.

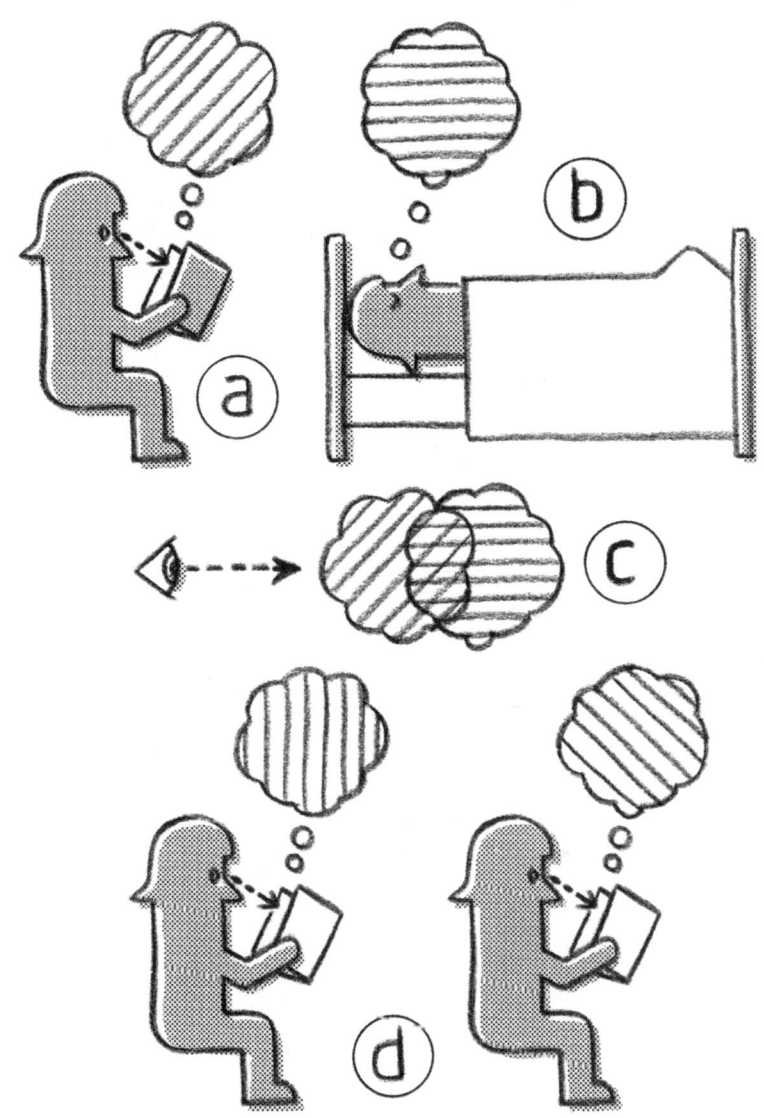

LEA LA OBRA COMPLETA de un narrador muerto, pero al revés. Empiece por su último libro y termine por el primero.

Si hay un volumen de cuentos, léalo empezando por el último relato.

24.

Ordene su biblioteca siguiendo un orden que no podría deducirse a simple vista. Por orden alfabético de la última letra del título. Por orden alfabético según la segunda letra en el apellido del autor. Según el orden patafísico basado en el testamento del finado doctor Sandomir: P O U R Q I V T L C D E M N Y A S G H F B J X Z K W.

Pruebe con ciertas lógicas apartadas del alfabeto: según el año de publicación del libro, según la cantidad de páginas, según la cantidad de letras que suman el nombre y el apellido del autor más las letras que componen el título, o incluso según la cantidad de veces que se repite en el texto una palabra como «libro».

ELIJA UNA NOVELA QUE le haya gustado mucho. Busque en ella una de sus escenas favoritas. Reléala imaginando cómo fue escrita: en qué lugar, a qué hora del día (o de la noche, susurrará el romántico que hay en usted), en qué momento del año, en qué circunstancias puntuales.

Imagine ciertos cambios (pequeños/grandes, eso queda en sus manos) si el mismo autor hubiese escrito esa escena en otra hora del día, en otro sitio o bajo otras circunstancias.

PASE LAS YEMAS DE sus dedos por las letras. Como si fuera un libro braille. (Y tal vez lo sea, realmente). Como si usted fuera ciego. (Y tal vez lo sea, realmente).

SAQUE A PASEAR A su libro. Piense cuál sería el lugar indicado para llevarlo. Si el libro se titula, pongamos, *Parque de diversiones* (existen libros llamados así, existen libros con títulos tan insospechados...), no cometa la obviedad de ir a un parque de diversiones; busque, al contrario, un lugar que no aparece en sus páginas: un sitio que el libro no conoce o al menos no menciona y en el que, estima usted, le sería muy grato pasar el tiempo.

No cometa el egoísmo de limitarse a leer el libro durante el paseo. Haga algo más, algo que juzgue equivalente a lo que —dejándose leer— el libro hace por usted.

CONVOQUE A TRES PERSONAS.

Seleccione una novela, un libro de poemas y un ensayo.

Coloque la misma «sobrecubierta falsa» en los tres libros, que serán de idéntico tamaño. Mézclelos como se mezcla un mazo de cartas. Dele a cada una de las tres personas uno de estos tres libros, que habrá escogido al azar y sin espiar su contenido.

Pídales a sus invitados que se sienten a leer en silencio.

Obsérvelos y trate de deducir, a partir de sus gestos, de su postura y de la forma en que pasan las páginas, quién está leyendo la novela, quién los poemas y quién el ensayo.

Haga su propio *duchamp* mientras lee una novela. Un *duchamp* es el retrato literario de mujer con un hermoso bigote, palabra que en el idioma francés que hablaba monsieur Duchamp es curiosamente femenina *(la moustache)*, lejos de los viriles y masculinos *bigote* o *mustacchio*. (Mientras que la barba parece femenina en casi todas las lenguas...).

Para hacer un hermoso *duchamp* tome, por ejemplo, un pasaje donde Flaubert describe a madame Bovary y busque después un bigote, un buen bigote, en las páginas cercanas. El resultado se llamará, por supuesto, «Duchamp de madame Bovary»:

> *Se la veía toda pálida, blanca como una sábana; la piel de la nariz se le estiraba hacia las aletas, sus ojos miraban de una manera vaga. Sus párpados parecían recortados adrede para sus largas miradas amorosas en las que la pupila parecía extraviarse, mientras que un fuerte aliento separaba las finas aletas de su nariz y elevaba la carnosa comisura de sus labios sombreados por un muy espeso bigote negro.*

Prosiga con otras novelas.

Suba a Internet la copia falsa de dos o tres novelas famosas.

Para ello, descargue una de las versiones que circulan por la web y altere el texto (documento Word o PDF, por ejemplo) insertando fragmentos de otras novelas que a sus ojos combinan bien con ella, quitando partes y modificando frases.

Ponga las nuevas versiones a disposición de todo el mundo sin explicar que ha alterado los textos originales.

UN BUEN DÍA, UN libro entre todos los libros de la historia de la literatura universal sorprende al mundo escribiendo y publicando sus memorias.

Es un libro magistral y en sus memorias cuenta anécdotas graciosas o conmovedoras a propósito de los muchos lectores con los que pasó las últimas décadas, por no decir los últimos siglos.

¿Cuál es el libro que escribe sus memorias?

¿Por qué este en particular?

TOME UN LIBRO. COLÓQUELO sobre una mesa y descríbalo: abierto, cerrado, de frente, de dorso, de perfil, en posición vertical u horizontal.

En su descripción no podrá emplear, en singular ni en plural, las palabras «libro», «obra», «escrito», «tomo», «opúsculo» o «volumen».

Haga dos clases de descripciones: la primera, destinada a alguien que sabe bien qué es un libro, pero ignora las características de este en particular; la segunda, destinada a un extraterrestre que ignora todo acerca de los libros.

Elija un poema, un cuento o una novela recientes.

Trate de encontrar en ellos una frase que, con el tiempo, podría convertirse en un proverbio o un refrán más o menos célebre. Subraye frases o fragmentos de frases que podrían leerse como falsas expresiones populares del tipo «meter la pata», «dormir a pierna suelta» o «dar gato por liebre».

Por ejemplo, un poco al azar en *Madame Bovary*: «poner la gorra sobre las rodillas», «caer al pie de un árbol», «llevar un turbante rojo» o «echar una ojeada a la iglesia».

Comparta estas «expresiones» con tres o cuatro personas. Pídales que inventen y escriban sus significados. Compare las respuestas.

TOME UN CUENTO DE unos quince o veinte párrafos en total.

Sáquele una fotocopia de faz simple. Desarme el cuento en varias partes cortándolo con tijera, párrafo por párrafo.

Reúna a cinco o seis personas. Entrégueles a todas el mismo cuento desarmado.

Vea quién consigue armarlo primero.

Vea si surgen otros armados (otros órdenes) que no son el original, pero que así y todo muestran coherencia y eficacia narrativa.

Si lo prefiere, puede añadir dos párrafos «ajenos», sacados de otro relato, y prevenir a los participantes de que el *puzzle* incluye dos piezas intrusas que hay que reconocer y descartar (o incorporar).

Si hace esto último, no cometa la torpeza de añadir dos párrafos con otro estilo u otro tamaño de letra, ni tampoco otras características que sean muy delatoras como un narrador en primera persona cuando el relato escogido está narrado en tercera persona.

No use un cuento muy conocido.

IMAGINE QUE EL LIBRO que está leyendo (escrito en la lengua materna de usted) es en realidad una traducción. Más aún, una adaptación de un texto escrito en otro idioma. Es decir que el traductor remplazó cuidadosamente los nombres de los lugares y hasta de los personajes por otros que son propios de su país y de su cultura.

Imagine (invente) cuál sería el idioma de la novela original. Imagine (invente) los nombres originales de los personajes y de los lugares.

Cómprese una balanza eléctrica súpermoderna, de esas que indican los kilos, los gramos, los miligramos con pasmosa precisión.

Escoja un libro al azar y vea cuál de los otros en su biblioteca es el más cercano en peso superior y cuál es el más lejano en peso superior.

Tache (en serio o imaginariamente) las palabras, las frases o las páginas que habría que eliminar en el libro excedido de peso.

Haga lo mismo al revés, agregando las palabras que faltan en el libro de menor peso.

Escriba una carta de amor o una carta de ruptura empleando, además de sus propias palabras, diez frases del libro que ahora mismo está leyendo; cinco frases tal cual, sin alterar ni siquiera una coma; cinco otras frases de modo más flexible, ya que puede usted quitar o añadir hasta dos palabras por frase.

Escoja en su biblioteca un poema que merezca ser leído a los gritos, otro que merece ser leído en un susurro y otro que merece ser leído muy lentamente y con tono dubitativo.

Lea los tres poemas en voz alta, en este orden.

Después de una breve pausa, haga la prueba de leer el último poema a los gritos, el segundo en tono dubitativo y el primero en un susurro.

Si lo entusiasma la experiencia, efectúe una tercera permutación.

Haga una lista de posturas corporales para leer.

Diferentes posturas que se imagina adoptando: acostado boca abajo y con el libro sobre la cama, sentado y con el libro sobre la mesa, instalado en un sillón y con el libro en la falda, etcétera.

Tome un libro de cuentos (de ser posible, uno que tenga más de diez relatos) y lea cada uno de los cuentos desde una postura distinta. Puede hacer lo mismo con una novela, cambiando de postura capítulo a capítulo.

Finalizada la lectura, pregúntese si la postura elegida para cada parte (para cada relato o capítulo) resultó la más adecuada. O si, en el caso de una hipotética relectura, haría modificaciones.

40.

ABRA UNA NOVELA Y lea solo sus páginas impares, como si las páginas pares estuvieran en blanco.

Al cabo de esta lectura, lea solamente las páginas pares. Compare las dos novelas.

(Si tiene ganas y/o tiempo haga una tercera lectura, esta vez con todas las páginas, feliz de haber comprado tres libros por el precio de uno).

LEA A TRASLUZ UN LIBRO, una revista o un periódico.

Estudie la transparencia de una o más páginas. Las palabras de uno y otro lado.

Busque los casos más interesantes de palabras que se tocan, espalda contra espalda.

Casos de sinonimia. Casos de antonimia.

Casos de complementariedad azarosa en los que parece formarse una pareja perfecta de sustantivo y adjetivo o de verbo y adverbio.

ELIJA UN LIBRO POR cada hijo que tiene o planea tener.

Deje subrayadas diez frases por libro: ni una menos, ni una más.

Si prefiere, haga lo mismo con los nietos que tiene o planea tener.

Puede optar también por un grupo de amigos (no más de veinte) y escoger un libro para cada uno de ellos.

En todos los casos, debe subrayar diez frases por libro. Las personas recibirán estos libros entre dos y veinte años más tarde, más allá de que usted se encuentre vivo o muerto.

Seleccione un cuento de veinte o treinta páginas. Busque uno que tenga cierto equilibrio entre los párrafos «narrativos» y las líneas de diálogo. Podrá distinguir a los segundos de los primeros con gran facilidad, gracias a los guiones o marcas y acotaciones como «dijo ella» y «repuso él».

Una vez que haya diferenciado ambos tipos de pasajes y una vez que haya hecho (o no) una relectura global del texto, tome dos caminos diferentes: (a) lea únicamente los pasajes con diálogos; (b) lea únicamente los segmentos narrativos.

Puede hacer lo mismo con dos cuentos diferentes y mezclarlos en una segunda etapa, a ver qué ocurre si combina los pasajes narrativos de uno con los diálogos del otro y viceversa.

COMPRE UNA ANTIGUA EDICIÓN ilustrada de alguna novela clásica.

Separe o arranque los dibujos.

Ilustre con ellos otra novela clásica (que, en lo posible, será de otro autor).

IMAGINE QUE TRES DE SUS novelas favoritas no empiezan allí donde empiezan, sino frases, párrafos o páginas más tarde.

Seleccione los nuevos inicios.

Haga que el comienzo de *Madame Bovary* sea, por ejemplo, «El director nos hizo seña de que volviéramos a sentarnos...» (y no «Estábamos en el estudio cuando...») o que el íncipit de *La cartuja de Parma* pase a decir «Con la prolongación del celoso despotismo de Carlos V y de Felipe II, los lombardos se hundieron en una noche tenebrosa...», en lugar de «El 15 de mayo de 1796, el general Bonaparte...».

Busque dos cuentos que se llamen del mismo modo.

Por ejemplo, «Los amigos» de Dino Buzzati y «Los amigos» de Julio Cortázar.

O «El padre» de Björnstjerne Björnson y «El padre» de Guy de Maupassant.

Lea los dos textos homónimos, uno después del otro.

Haga una lista con las diferencias y los parecidos. Busque vínculos donde acaso no los hay.

Imagine que el autor ha querido deslizar un texto secreto (un mensaje en clave) dentro de la novela que usted se apresta a leer.

Trate de descubrirlo.

Tal vez lo logre leyendo, una después de otra, las primeras dos palabras de la tercera y sexta frase de cada nuevo capítulo de la novela.

Tal vez lo logre subrayando todas aquellas palabras que, fuera de contexto, podrían significar otra cosa en un idioma extranjero (inglés o francés, por ejemplo) y hallando el orden adecuado para estas palabras.

Tome dos poemas: uno de ellos será corto, verdaderamente corto (por ejemplo, un haiku); el otro, mucho más largo.

Haga una primera lectura de los dos poemas.

Haga una segunda lectura quitándole una palabra al poema más extenso y tratando de insertar esta palabra en el poema corto.

Haga una tercera lectura quitando otra palabra del texto largo e introduciéndola en el texto breve.

Siga así, «trasplantando» una palabra a la vez.

Deténgase cuando el poema largo incluya la cantidad de palabras que al inicio incluía el corto.

Vaya a una biblioteca pública e introduzca, sin que nadie lo vea, falsos *spoilers* dentro de veinte novelas. Los *spoilers* los escribirá antes, en su casa.

Elementos: veinte tarjetas (modelo «ficha de archivo») y abundantes letras recortadas de periódicos y revistas.

Ideas: escriba, pegando letra a letra, cosas como «al final el protagonista se suicida» o «se descubre, a la postre, que todo es el sueño de uno de los personajes».

Trate de ser creíble y persuasivo.

ELIJA CUATRO LIBRERÍAS DE su ciudad: cada cual en una calle diferente y, de ser posible, en un barrio distinto.

Vaya a cada una de ellas fingiendo que ha olvidado el título y el nombre de una novela que le recomendaron.

Repita frente a los cuatro vendedores las mismas dos o tres frases: «Es una novela sobre una familia que...», «el escritor murió hace unos veinte años y era famoso porque...».

Compre el libro que le recomienda cada vendedor.

Si en dos casos le proponen que se lleve el mismo libro, detenga el juego y recomience un mes después con otras librerías y otras frases.

51.

En un libro publicado a mediados del siglo XIX *(Jest and Earnest)*, el escritor excéntrico William Arthur B. Lunn ofrece un inventario de los lugares ideales para leer a los grandes autores de su época.

Conviene leer a Walter Scott, sostiene Lunn, en un salón repleto de reliquias del pasado; para captar mejor a Lord Byron, hay que leerlo sentado en una roca, a orillas del mar, mientras el cielo parece «salvaje y tormentoso»; hay que leer a Milton en una catedral, bajo una tenue luz religiosa; en cuanto a Henry Fielding, nada mejor que el ruido de una taberna llena de gente.

Haga lo mismo con seis o siete escritores más recientes que le gusten en particular.

Ordene su biblioteca como si ella fuese capaz de equivaler al mapa del mundo.

Llene el espacio aproximado que ocupa cada país con los libros de los escritores nacidos allí, deje espacios libres donde hay océanos y mares. Complete el mapa, retroceda, vea su obra.

Comprenda su absurdidad. Su peligrosa absurdidad. Dígase qué maravilla son las bibliotecas que no dividen así las cosas. Aquellas donde los libros no deben representar una cultura o un país. Aquellas donde, codo a codo por los frutos de otras lógicas más nobles, los libros se representan únicamente a sí mismos.

53.

TOME UNA NOVELA QUE tiene más de cien páginas y menos de doscientas treinta.

Lance dos dados al azar. Si el primero indica 5 y el segundo indica 3, empiece a leer la novela como si empezara en la página 53. O, mejor dicho, a partir del primer punto que encuentre en la página 53.

Lea desde allí hasta el final del libro y, después, en un gesto de *in medias res,* lea desde principio hasta la página 53.

Otra opción consiste en tomar un libro, una novela que tenga más de ciento diez páginas. Arroje cuatro dados al azar (si no tiene tantos dados en su casa, no se angustie: lance cuatro veces el mismo dado) y combine a su antojo los cuatro números salidos, hasta obtener tres o cuatro números de dos dígitos.

Si, por ejemplo, ha obtenido 1, 2 y 6, escoja tres o cuatro números entre las siguientes opciones: 12, 16, 21, 26, 61, 62 y 66.

Lea la novela salteando las tres o cuatro páginas elegidas, pongamos que 16, 21 y 66. Terminada la novela, lea esas páginas prohibidas y decida si había en ellas algún dato revelador o algún detalle que cambia su visión de lo leído.

Busque acrósticos involuntarios en poemas. Trate de hallar, en la primera letra de cada verso, algún mensaje vertical que el autor no había previsto.

Busque lo mismo en obras de prosa (en novelas, en relatos), sirviéndose de las primeras o las últimas letras de cada línea.

SE ACERCA EL CUMPLEAÑOS de una persona querida.

Busque y lea (o, por lo menos, hojee) una serie de diarios íntimos de escritores.

Preste especial atención a las entradas que corresponden al día y el mes de nacimiento de la persona que cumple años. Por ejemplo, el 20 de junio.

Seleccione entre cinco y diez entradas (cada cual proveniente de un diario íntimo distinto) en las que alguna imagen o reflexión pueda interesarle a la persona que cumple años.

Por ejemplo:

20 de junio. La nostalgia que tenemos de los países que no conocemos quizá no es más que el recuerdo de regiones que recorrimos en viajes anteriores a esta vida. (*Diario* de Jules Renard).

Y, a continuación, una serie de entradas correspondientes al mismo día de junio, pero extraídas de otros diarios íntimos.

Realice con estas entradas una especie de pequeña antología. Puede ser en forma de libro; puede ser un texto impreso en una hoja larguísima, como un antiguo pergamino.

LEA DOS O TRES novelas como si fuera un censor de un país dictatorial donde está prohibido hablar de violencia, drogas, pornografía, prostitución, desempleo o suicidio y donde no se puede criticar al ejército, a la policía, a la clase política ni a la justicia. Marque o destaque las partes que censuraría.

Si lo desea, escriba (de manera monocorde y lapidaria) un informe sobre cada uno de los libros.

Si lo desea, haga un pilón o varios pilones con todos los libros que serían quemados en ese país donde usted se desempeña como censor.

Sáquele cuatro o cinco fotos a ese conjunto de libros. En vez de prender fuego a los libros, imprima las fotos y quémelas.

ESTABLEZCA UN LISTADO CON los nombres de diversos escritores que sufrieron alguna clase de locura o de perturbación mental.

Disponga una biblioteca (separada, como una suerte de asilo) con los libros de estos autores: Nerval, Walser, Artaud, Fallada, Maupassant, etcétera.

Consejo: deje que en esta biblioteca reine el desorden más absoluto.

58.

En homenaje a los comienzos del cine, tome un cuento publicado antes de 1935, año en el que se estrenó *Becky Sharp*, de Rouben Mamoulian (considerado por muchos el primer largometraje en verdadero tecnicolor), y conviértalo en un «relato en blanco y negro». Para ello, es simple, remplace los colores que menciona el autor (rojo, verde, azul, amarillo) por negro, por blanco o por esas otras dos opciones que son el gris oscuro y el gris claro.

Puede explorar también diversas gamas como «gris acero», «gris perla» o «gris petróleo».

Si la experiencia le resulta interesante, tome un cuento publicado antes de 1927 (año en que se estrenó *The Jazz Singer*, de Alan Crosland) y conviértalo en un «relato mudo» remplazando todos los diálogos por ademanes, morisquetas, mímicas o silencios significativos.

IMAGINE QUE CIERTO LIBRO, el que usted quiera, antes de tener su aspecto actual, estuvo dentro de una caja de cartón que contenía cinco pequeños sobres plásticos, cada uno con diferentes partes o «pedazos».

Imagine que alguien (un librero, otro lector) se ha tomado el trabajo de armar el libro, como esos muebles y artículos para el hogar que se venden en las tiendas y que hay que montar en casa.

Fabrique el *kit* del libro que ha elegido. Imagine lo que habría en cada bolsita de plástico. Palabras y signos de puntuación, claro que sí; pero también otras cosas, ¿cuáles?

60.

Haga un dibujo en la página de un libro. Su dibujo debe mostrar el contorno de un objeto del que se habla en esa misma página.

Pero, además, de acuerdo con una de las *Obras* de Édouard Levé, las palabras por las que pasará el contorno del dibujo deben formar una frase gramaticalmente correcta.

Compre unas tarjetas «de invitación».

Use una de estas tarjetas para escribir un pequeño texto destinado al autor del libro que acaba de leer. El texto dirá, en menos de ochenta palabras, lo que usted piensa de su obra.

Escriba el texto, que archivará dentro del libro, imitando el estilo del autor.

Si el libro no le ha gustado, puede escribir una «carta de rechazo» como si fuera un editor que ha resuelto no publicarlo.

En tal caso, puede inspirarse en el editor Alfred C. Fifield, quien le envió a Gertrude Stein una carta de rechazo que parodiaba a su novela *Ser norteamericanos*:

19 de abril de 1912

Querida señora,

Soy solo uno, solo uno, solo uno. Un solo ser, uno al mismo tiempo. No dos, ni tres, solo uno. Solo una vida para vivir, solo sesenta minutos en una hora. Solo un par de ojos. Un solo cerebro. Un solo ser. Siendo solo uno, teniendo solo un par de ojos, teniendo solo un tiempo, teniendo solo una vida, no puedo leer su manuscrito tres o cuatro veces. Ni siquiera una vez. Solo una mirada, solo una mirada es suficiente. Apenas una copia se vendería aquí. Apenas una. Apenas una.

Muchas gracias. Le devuelvo el manuscrito por correo certificado. Solo un manuscrito por un correo.

Suyo, cordialmente,

Alfred C. Fifield

Reescriba un poema, un relato o el capítulo de una novela con la ayuda de un diccionario de sinónimos.

Sustituya los adjetivos, los adverbios, los sustantivos. Conserve la coherencia y la lógica general escogiendo los sinónimos que se adapten mejor.

Pásele el texto a alguien más, sin explicarle que es una reescritura sinonímica. Propóngale a esta persona que haga lo mismo que hizo usted.

Compare el original con la versión de esta persona.

Puede reescribir de este modo incluso el título del texto.

Variante: haga su primera reescritura con antónimos (¿cuál es el antónimo de la palabra «manzana» o de la palabra «café»?) y pídale a otra persona que haga lo mismo. Es probable que vuelva a aparecer el adjetivo «grande» (que usted había sustituido por «pequeño»), pero probablemente habrá derivas interesantes. Anótelas.

Desplace los diálogos de una ficción literaria.

Si cada réplica equivale al peldaño de una escalera, intercambie el primer peldaño con el último y desplace todo el resto de manera que la segunda réplica del texto se convierta en la primera, la tercera en la segunda y así consecutivamente.

Lea el texto en voz alta.

Reintente con un desfase suplementario, de modo que la tercera réplica sea la primera y así en lo sucesivo.

Se considera una réplica cada vez que un personaje toma la palabra y dice unas pocas palabras o pronuncia un discurso más largo, de varias frases.

Use un texto con diálogos directos.

64.

Haga de su libro un oráculo.

Abra por la mañana, al despertar, una página cuyo número tenga un vínculo con la fecha del día (112 si es 1° de diciembre, 69 si es el 6 de septiembre, por ejemplo) y busque una frase que podría señalar su futuro: tanto una acción de cierto personaje como una actividad que describe o menciona el narrador y que también usted podría cumplir en el resto de la jornada.

Celebre el casamiento entre dos libros de su biblioteca que merecen, a sus ojos, tamaña felicidad.

No puede escoger dos libros de un mismo autor ni dos libros que tengan un mismo sustantivo o adjetivo en el título ni dos libros de autores amigos entre ellos o de autores que estuvieron o están casados entre ellos.

Celebre una boda heterosexual entre un libro cuyo título empieza con «El» y otro que empieza con «La», más una boda homosexual entre dos «El...» o dos «La...».

Si tiene ganas y tiempo, escoja un puñado de libros que podrían ser los padrinos y los testigos.

66.

Abra la página 50 de la novela que está empezando a leer.

Piense en una persona próxima: alguien de su familia, un amigo, un colega de trabajo.

Busque en esta página (y también en su vecina, si quiere: la 51) el adjetivo que sea el más cercano a lo que usted piensa sobre esa persona.

Vaya después a la página 60 o a la página 70 (la elección queda en sus manos), piense en otra persona que conoce y busque el adjetivo más alejado con respecto a lo que usted opina acerca de ella.

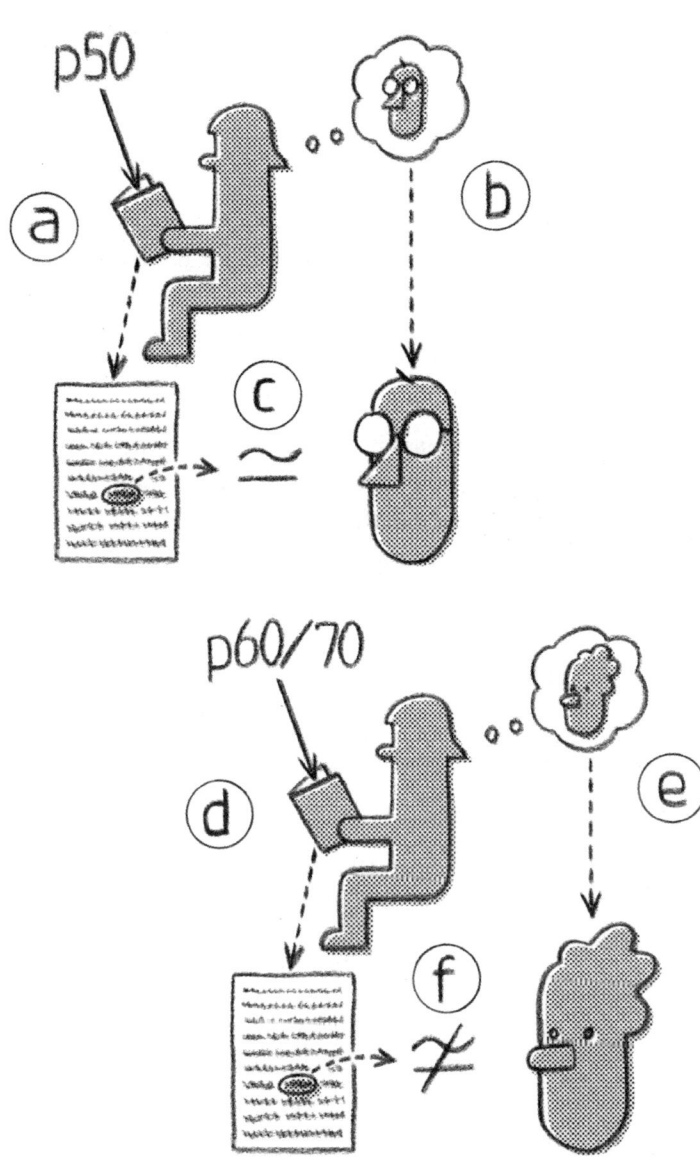

HAGA UN «RETRATO CHINO» de la novela que acaba de leer: si el libro fuese un famoso cuadro, sería...; si fuese una película de Hollywood, sería...; si fuese un fruto, sería...; si fuese un color, sería...

Efectúe un retrato chino, pero esta vez en clave literaria, de la protagonista de una novela que haya disfrutado en especial: si ella fuese la protagonista de otra novela, sería...; si ella fuese una escritora, sería...; si ella fuese un género literario, sería...

68.

Tome la novela que acaba de leer y haga con ella una comedia musical, como en el cine: una comedia musical en la cual, de vez en cuando, los personajes retardan o detienen las acciones para ponerse a cantar.

Busque los mejores momentos para insertar las canciones.

Seleccione, entre los distintos hechos, los momentos que podrían prestarse mejor para que canten los personajes.

Elija varias canciones (ya existentes) que podrían funcionar en su novela-musical.

Puede fijarse unas reglas: por ejemplo, (a) no más de dos canciones para un personaje de importancia y una sola canción para los secundarios; (b) solo canciones cuyas letras fueron escritas en el idioma de la novela; (c) no más de dos canciones de un mismo compositor; (d) separar las canciones cada cinco o siete páginas, etcétera.

69.

En su cuento «Los clásicos en versión cómic #1», Steven Millhauser propone una adaptación en forma de historieta del poema «La canción de amor de J. Alfred Prufrock», de T. S. Eliot, salvo que no la dibuja: la resume por escrito describiendo viñeta tras viñeta.

(a) Haga lo mismo a partir de otro poema.

O, en su defecto, (b) describa viñeta tras viñeta un cómic que existe empleando el cuento de Millhauser como modelo: «Cuadro 21. Primer plano de la mujer de pelo blanco. Unas arrugas de preocupación surcan su frente. En el globo cerca de su boca, estas palabras: ¿algún problema?».

Una vez que haya terminado su texto, ya sea el (a) inspirado por un poema como el (b) inspirado por una historieta, déselo a un amigo o un conocido que dibuja bien y pídale que haga una historieta a partir de lo que describe su texto.

Si ha tomado un cómic existente como punto de partida, oculte el dato (más aún, trate de ocultarlo también en su texto) y, al final, compare las dos versiones: el cómic en el que usted se basó y el cómic que su texto suscitó.

Trate de comprender la razón para las posibles diferencias o divergencias entre los dos cómics.

SUBRAYE TODAS LAS PREGUNTAS en una de sus novelas preferidas: las más o menos retóricas del narrador, pero también las que se plantean, a sí mismos o entre ellos, los personajes.

Copie cada una de las preguntas en un papel diferente.

Haga listas con las preguntas. Lista de cinco, siete, nueve preguntas que usted dispondrá bajo el «techo» de un título que las recontextualiza y les da un nuevo sentido.

Tomando algunas preguntas de *Madame Bovary*, por ejemplo, usted podría proponer las

PREGUNTAS QUE LA ABEJA LE HACE A LA FLOR

¿Por qué nos hemos conocido? ¿Qué azar lo ha querido?

¿Es mi culpa?

¿Qué puedo hacer? ¿Estás molesta?

¿Sientes algún dolor? ¿Desde cuándo?

Sin mí, ¿dónde estarías? ¿Qué harías?

¿Me amas? ¿Mucho?

71.

Tome dos libros diferentes de un mismo autor o un
par libros de dos autores distintos, pero que tienen entre ellos, sin embargo, un punto en común: el tema, el
lugar y la época donde se cumple la acción, el nombre
del personaje, algo así.

Tome cinco hojas de papel. Copie en cada hoja
una o dos frases (consecutivas, si son dos frases) toma-
das de una de estas novelas, que llamaremos libro A.

Añada notas al pie para cada uno de los textos del
libro A.

Todas las notas deben proceder, palabra por palabra, del libro B.

Por ejemplo, tome un fragmento de *Madame Bovary* y añádale, a modo de notas al pie, frases de *Bou-
vard y Pécuchet*.

Continúe la experiencia (en la cual un texto se vuel-
ve el aparato de notas de otro) invirtiendo las cosas, de
manera que el libro A sea la fuente para las notas y el
libro B sea la novela de la cual extraería las frases.

Si pasa a esta segunda etapa, usted decidirá si tiene
el derecho de emplear frases usadas en la etapa inicial.

Redacte las instrucciones para escribir el libro que acaba de leer.

Imagine que Bioy Casares no llegó a escribir *La invención de Morel* o que Marguerite Duras no concluyó *El amante* porque esperan (o esperaban, mejor dicho) sus instrucciones para hacerlo.

Puede organizar sus instrucciones mediante una serie de puntos o de ítems.

Puede usar el modelo de una receta de cocina.

TOME UNA NOVELA CUYA acción se desarrolla por completo en el interior de una casa. Léala con suma atención tomando nota, si hace falta, en un cuaderno.

Cuéntele la historia a una persona cercana (o a un pequeño público de menos de cinco personas) apoyándose en el juego de mesa llamado *Clue*.

Use las habitaciones de la casa que muestra el Clue.

Sírvase de los actores del juego (la señorita Rosa, el coronel Mostaza, la profesora Violeta, etc.) de modo que cada uno encarne a un personaje de la novela.

Trate de usar también los objetos que trae el juego: el puñal, la cuerda, la pistola, el candelabro, etcétera.

Si ninguno de estos objetos aparece en la novela, vea el modo de insertarlos en su relato, como un toque suplementario, sin traicionar ni alterar mucho la trama de la novela.

Separate una docena de novelas que tengan la reputación de ser «monumentales» (lo que algunos llaman «novela total») debido a la cantidad de páginas y a su ambición lingüística y/o formal.

De *Los miserables* de Victor Hugo a *Moby Dick* de Melville; de *Doctor Faustus* de Thomas Mann a *La muerte de Virgilio* de Hermann Broch o a *El hombre sin atributos* de Robert Musil; del *Quijote* de Cervantes al *Ulises* de Joyce.

Con ayuda del ordenador, haga una lista con todas las palabras que contiene una de estas novelas. Sin tomar en cuenta las repeticiones de palabras (o tomándolas en cuenta, si usted cree que puede ser una información de interés), haga un inventario lexical en orden alfabético.

Sustituya los verbos conjugados por infinitivos. Remplace los sustantivos o adjetivos en plural por singulares.

Compre o consiga un diccionario (puede ser viejo y usado) del idioma en el que usted ha leído la novela.

Vaya marcando una tras otra en el diccionario, al margen, con un punto rojo, las palabras que se emplean en la novela. Seguidamente, tache todas las palabras que el autor no incluyó en su libro.

Pegue una etiqueta en la cubierta del diccionario. Escriba allí, por ejemplo, «Larousse de *Los hermanos Karamazov* de F. Dostoievski» o, por ejemplo, «Diccionario Sopena del *Conde de Montecristo* de A. Dumas».

Haga una pequeña colección de estos diccionarios. Compárelos. Si usa siempre como base el mismo modelo de diccionario, fíjese si hay páginas o dobles páginas idénticas a partir de dos novelas diferentes.

Si tiene un amigo escritor (o que se jacta de serlo), préstele uno de estos diccionarios y dígale que solo puede echar mano a las palabras visualmente disponibles.

APUNTE EN UNA HOJA de papel, a medida que avanza en la lectura de esa apasionante novela policial, cada uno de los objetos que usted podría comprar en un supermercado y que aparecen en las páginas del libro.

Terminada la lectura, haga una compra respetando la lista. La cantidad de clavos, bananas, jabones o botellas de whisky queda a su entera disposición.

Tome una foto del conjunto de las compras realizadas. Incluya el libro en la foto, como un objeto más que usted podría haber comprado.

No descarte hacer una colección de diez o treinta fotos por el estilo.

76.

Fabrique una montaña de libros. Y un castillo. Y una pirámide egipcia. Y otras cosas por el estilo. Haga de cuenta que sus libros son enormes ladrillos Lego, esos coloridos juguetes que lo ayudaban a entender el mundo.

LEA UNA NOVELA o un ensayo imponiéndose la regla del diccionario.

Esto quiere decir que no puede detener la lectura hasta dar con una palabra de la cual usted ignora el significado.

Al llegar a esa palabra, subráyela, búsquela en un diccionario y anote al margen, en la novela, la definición.

Deje pasar al menos cuatro o cinco horas antes de reemprender la lectura.

ABRA UN LIBRO QUE ha leído con placer hace más de catorce años (no haga trampa, será en vano), ábralo en la página 99 y lea tan solo esa página.

Confíe en aquella idea insólita, que muchos atribuyen a Ford Madox Ford, según la cual la calidad de un libro de ficción se juzga por la calidad de su página 99.

Vea si Ford (o quien haya ideado esto para achacárselo a Ford) tiene un poco de razón.

Haga la prueba con todos los libros del propio Madox Ford. Vaya a la página 99 y también, por las dudas, a las páginas 66, no sea cosa que Madox Ford (o quien inventó este asunto) se haya equivocado de número.

Ponga a dialogar a dos libros de su biblioteca.

Escoja para esta experiencia dos novelas en las que abundan los diálogos.

Seleccione una réplica del libro A, luego léala en voz alta. Busque en el acto una frase en el libro B (una «línea de diálogo», como se dice) que podría ser una respuesta adecuada o más o menos lógica a la frase que usted acaba de leer.

Vuelva entonces al libro A y así sucesivamente.

80.

Pídale a su pequeño hijo de 5 años o a su querida hija de 9 años que le lea en voz alta, a la hora que se pone el sol, una página al azar de esta novela que tanto lo impactó a usted hace años, cuando ellos no habían nacido.

Invente seis o siete errores de impresión no muy gra-
ves en la novela que ha empezado a leer.

Una letra de más.

Un ligero error de ortografía.

Una palabra que, en lugar de otra, produce un efecto cómico involuntario.

Una palabra repetida.

Más cosas por el estilo.

LEA UN CUENTO RELATIVAMENTE breve, de unas cuatro o cinco páginas.

Cuente las palabras que contiene.

Haga una reescritura fiel, una versión resumida, empleando la exacta mitad de palabras.

Puede imponerse la regla de usar solamente las palabras y las frases que trae el cuento. Puede darse el permiso de hacer unos pocos remplazos, cambios o añadidos en su reescritura.

Compre una novela en inglés o, en el peor de los casos, logre que alguien le preste una.

Revise sus nociones de inglés. Si ignora el idioma, tome un curso intensivo antes de la siguiente etapa. Abra, ahora sí, una página cualquiera.

Cierre los ojos y deje caer el dedo en un párrafo, el que sea. Abra los ojos, lea las frases. Vuelva a leer cinco, ocho, diez veces.

Busque una melodía de los Beatles en la que podrían funcionar estas palabras, como letra alternativa. Cante en voz alta (por favor, no desafine) la nueva versión de «Help», de «Penny Lane», de «Yesterday», firmada Lennon-McCartney-Thackeray o Lennon-McCartney-Austen o algo así.

Consígase una novela en la que uno de los personajes principales (no haga trampa, por favor, con los secundarios) tiene un nombre que empieza con la letra A.

Terminada su lectura, busque una novela con un protagonista con B. Siga así hasta llegar a la Y.

A la postre, lea *Zuleika Dobson* de Max Beerbohm.

(Puede hacer lo mismo, por supuesto, con los títulos de los libros. En ambos casos, termine con la novela de Beerbohm).

Lea dos veces el mismo libro.

Haga anotaciones en los márgenes como si fuera dos lectores diferentes, con visiones a veces similares (busque matices jugosos, eso sí) y otras veces francamente contrapuestas.

Use dos colores distintos para cada uno de los lectores: azul y negro, por ejemplo.

Use bolígrafos distintos.

Trate de escribir de manera diferente.

Si se atreve, trate de usar en cada uno de los dos casos una caligrafía que no sea la suya.

ESTAMOS EN 2522. O en 2561, si lo prefiere.

Tome un libro (una novela, por ejemplo, o un ensayo) publicado a finales del siglo XX. Léalo como si usted fuera uno de los raros especialistas en ese lejano periodo histórico.

Póngase en el lugar de los lectores de su época futura; agregue notas al pie que expliquen a los habitantes del siglo XXVI qué es un «*jean*», qué es una «radio» y otras cosas que resultarán para ellos tan abstractas y exóticas como hoy lo son para usted un «cabriolé hipomóvil» o un «coche de colleras».

Variación posible: añada tres notas a pie de página a una novela traducida del japonés o del ruso. Arriésguese a inventar explicaciones como si fuera un experto en esa otra cultura.

SUPONGA QUE ESTÁ OBLIGADO a arrancar cinco páginas de un libro que le gusta mucho, uno de sus favoritos de todos los tiempos.

Suponga que ese ejemplar que tiene en su biblioteca es el único en el mundo y que esas cinco páginas que usted pronto ha de arrancar (y a las que, después, les prenderá fuego) se perderán para siempre.

Relea el libro, lentamente, pensando cuáles cinco páginas sería menos doloroso arrancar.

No vale arrancar dos páginas seguidas.

No vale arrancar, por supuesto, las páginas de cortesía ni las que traen el índice o incluyen el título, los créditos o el bendito epígrafe.

88.

PÓNGASE DE ACUERDO CON dos buenos amigos. Compren el mismo libro y distribúyanse la lectura dividiendo la obra en tres partes más o menos iguales. Uno de sus amigos leerá el primer tercio, usted leerá el segundo tercio y el tercero en cuestión leerá el final.

Como si reunieran las piezas de un *puzzle,* fijen una cita para armar la «versión total» del libro.

La restitución tiene que hacerse en orden, desde luego.

Cada uno dispondrá de un tiempo determinado para contarles a los otros dos su tercio.

Cada uno de los tres participantes puede, además de resumir en forma oral su tercio, leer hasta tres frases o tres breves pasajes del libro.

CÓMPRESE O PIDA PRESTADA una vieja máquina de escribir. Una Olivetti Lettera como la que utilizaba Italo Calvino, por ejemplo. Una Underwood portátil como la que usaba William Faulkner.

Tome un libro publicado antes de 1988.

Abra una página al azar y cópiela a máquina, con sumo cuidado. Copie la página entera del libro, no importa si esto lo obliga a usar más de una hoja en blanco. O, si prefiere, copie tan solo lo que cabe en la hoja en blanco que ha metido en la máquina. Haga de cuenta que aquello es el original del libro o, mejor dicho, un fragmento del original.

También puede usted ir más lejos. Si el libro fue escrito en otro idioma y después traducido, haga un falso original a máquina: falso porque, desde luego, el escritor no escribió el libro en el idioma de la traducción.

Otra opción: no sea fiel al libro impreso, escriba una falsa «versión previa» en la que haya un par de palabras, de giros o de puntuaciones diferentes. Cosas que el autor, por suerte, después pudo mejorar.

ADJUDÍQUELE UNA MARCA COMERCIAL, con su modelo específico, a cada objeto que aparece mencionado en la novela que se dispone a leer.

Algunos escritores indican las marcas de los objetos en sus libros, pero la mayoría (usted, que es perspicaz, los sabrá reconocer) se limitan a alusiones «un coche», «el televisor», «su teléfono».

Atribuya marca y modelo según la época y el país en que transcurre la acción, pero también según la psicología del personaje.

Es preferible que no elija una novela futurista o de ciencia ficción con objetos fantásticos.

BUSQUE UN CUENTO o una novela que transcurra en una sola ciudad (de ser posible, la ciudad donde usted vive o una ciudad no muy lejana) y cuyo personaje principal deambula por sus distintas calles y barrios.

Lea cada escena en la parte de la ciudad donde transcurre. Viaje, desplácese al ritmo del libro.

REVISITE LA OBRA DE un pintor y de un poeta que le gusten mucho.

Olvide los títulos oficiales de los cuadros del pintor.

Rebautice todos sus cuadros, uno después del otro, empleando versos o frases del poeta.

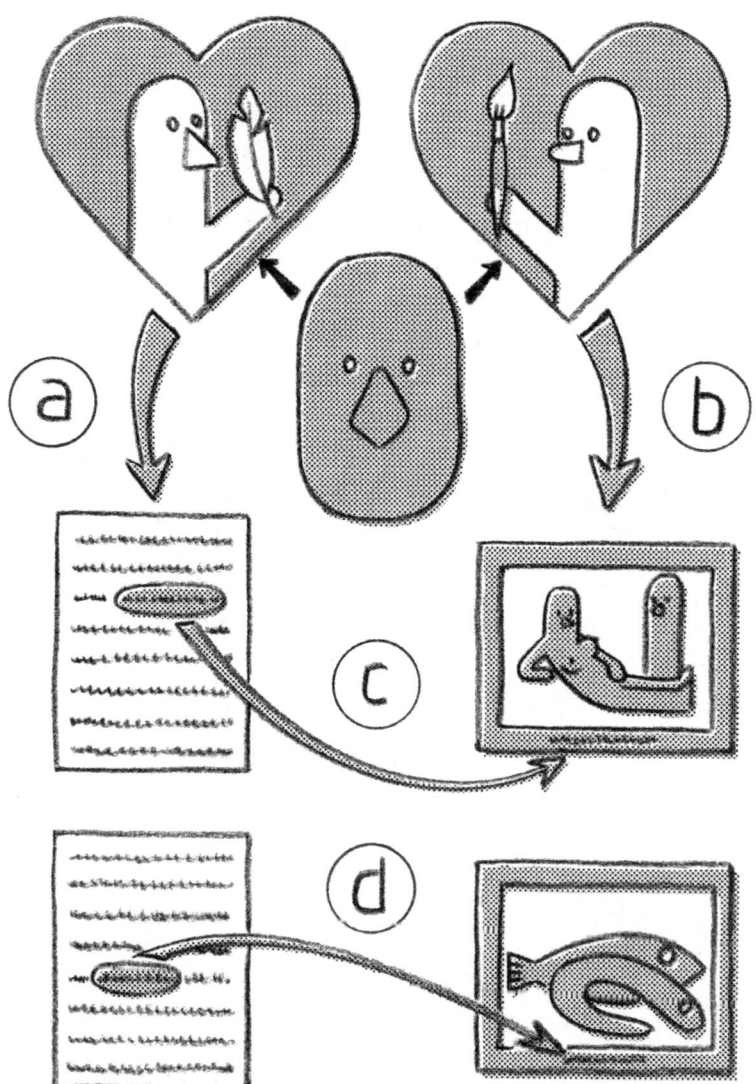

HAGA DE CUENTA QUE usted es Pierre Menard, aquel personaje de Borges que escribe un capítulo y medio del *Quijote* como si fuera el autor. Escoja un libro (una novela, de manera preferente) que usted, convertido en Pierre Menard, añadiría a su obra después de haber escrito parte del *Quijote*.

Escoja no solo el libro, sino el capítulo y medio de ese libro, que tiene que haber sido publicado más de cuarenta y cinco años antes de que usted naciera.

Consígase una guía turística muy vieja (de más de medio siglo, por ejemplo) de una ciudad a la que pronto viajará por primera vez, por motivos de trabajo o de placer.

Viaje con la vieja guía, recorra el lugar comparándolo no con la ciudad donde usted vive, no con otra ciudad que le gusta especialmente (resulta casi imposible no caer en comparaciones cuando hacemos viajes, usted sabe), sino con esa misma ciudad tal como era en el pasado. O, mejor dicho, con el antiguo presente de esa ciudad tal como aparece en la guía.

Escoja un relato breve, de tres o cuatro páginas.

Léalo una vez, lentamente.

Haga una pausa y vuelva a leerlo al revés, frase por frase. Es decir que si el relato concluye con: «Era una noche fría. Zygarewicz decidió ponerse el gabán de su abuelo. Ya era hora», usted leerá: «Ya era hora. Zygarewicz decidió ponerse el gabán de su abuelo. Era una noche fría». Etcétera.

Lea de este modo, hasta la primera frase.

Trate de ver, al hacerlo, cómo se construye el relato, cómo se van encadenando los detalles, cómo crece (si es que crece) la emoción.

PASE UN DÍA SIN leer nada, absolutamente nada. Ni un libro ni una revista ni un letrero ni una publicidad callejera ni una palabra de las miles que se cruzan en el camino y que resulta casi heroico o imposible no leer. Cierre los ojos no bien sienta o presienta la presencia de palabras a su alrededor.

Haga, por ese día, una huelga como lector.

Invéntese una razón, un motivo absurdo o verosímil para la huelga.

UN BUEN DÍA, HACE muchos años, el correo le trajo al escritor Rudyard Kipling un paquete dirigido a «Monsieur Kipling». Lo enviaba un soldado francés de apellido Hammoneau y contenía un ejemplar de la traducción francesa de su novela *Kim*, con un agujero de bala tan profundo que solo se habían salvado las veinte páginas finales. En una carta que venía con el libro, Hammoneau contaba que, de no haber llevado ese libro en un bolsillo a la altura del pecho, no habría sobrevivido a la Primera Guerra Mundial. El envío contenía también la medalla al valor otorgada a Maurice Hammoneau.

Imagine, en un obvio juego de espejos, qué libro francés le podría haber salvado la vida a un soldado inglés en esa misma guerra. Imagine el nombre del soldado inglés y la actitud que habría adoptado el escritor francés al recibir por correo un volumen agujereado.

En el caso de Kipling, aunque insistió en devolver ambos objetos de inmediato, acabó legándoselos a Jean, hijo varón de Hammoneau, y el ejemplar de *Kim*, con su redonda herida, es hoy uno de los tesoros más valiosos de la Biblioteca del Congreso de Estados Unidos.

Imagine dónde habría ido a parar el libro francés.

98.

Haga una breve pausa en su lectura. Dé una vuelta a la manzana o haga un paseo más bien corto, de unos 400 metros, ida y vuelta hasta su casa, como si fuera un personaje de la novela que está por terminar.

Trate de caminar, de moverse, de adoptar una actitud corporal como él lo haría.

MODIFIQUE EL ARMADO DE los párrafos de un texto en prosa.

Divida un párrafo en dos.

Junte dos o tres párrafos.

Cambie el corte entre dos párrafos consecutivos, desplazándolo una o dos frases después (o una o dos frases antes, por qué no).

Busque un armado que armonice con su gusto y con su respiración.

Busque en una librería, entre las muchas montañas de actualidades, una primera novela de un autor del que no conozca ningún dato de su vida personal. Si el libro trae la biografía del autor, táchela o arránquela.

Lea el libro sin apresurarse y sin olvidar que tiene entre sus manos una ópera prima.

Terminada la lectura, imagine libremente el futuro del autor.

Invente una lista más o menos larga con los libros que publicará en los años por venir, si es que sigue publicando.

Escriba, si lo desea, una breve descripción de cada uno de estos libros.

Tome un libro de relatos que figure entre sus predilectos.

Piense otro orden para los cuentos, fuera del que estableció el autor.

Piense en varios órdenes posibles, cada cual con un criterio diferente.

Si lo entretiene este juego, haga de cuenta que los relatos son las canciones de un álbum musical de la década de 1970. Piense cuál de los cuentos sería el más idóneo para abrir el lado A y cuál debería abrir el lado B; vea luego con qué cuentos cerrar cada una de las caras del disco.

Distribuya el resto de los textos en las dos caras tratando de que el número de páginas sea equilibrado, como los minutos de música en los viejos discos.

El artista holandés Martijn Hendriks presentó en 2008 un video donde borró o eliminó los pájaros en la famosa película *The Birds,* de Hitchcock, de modo que en su versión los personajes escapan o se defienden de una presencia invisible.

Haga algo semejante con un cuento o con el pasaje de una novela: elimine un factor o un dato importante para los hechos que ocurren, pero deje que las acciones ocurran de igual manera. Tache para ello las frases o las palabras que equivalen, en este caso, a los «pájaros».

RESUMA RADICALMENTE, AL ESTILO de los pequeños anuncios en los periódicos, los argumentos de varios de sus libros de cabecera.

Sírvase para ello de las abreviaturas y las construcciones sintéticas que suele haber, por ejemplo, en la venta de propiedades.

«Princip. c/asteroide, flor, tres volcanes. No amigos y mal víncul. c/flor. Princ. viaja y nuevos amig. en otros planetas. Esencial invisib. ojos».

LEA UNA OBRA DE teatro siguiendo las intervenciones de un solo personaje.

Salteando a los demás personajes, lea tan solo las palabras que pronuncia Hamlet, por ejemplo.

También puede leer una obra personaje por personaje. En este último caso, es posible elegir los personajes de acuerdo con su orden de aparición, siguiendo el orden alfabético de sus nombres o según otros criterios que pueden incluir el azar.

DETECTE Y MARQUE TODAS las elipsis en un relato o una novela.

Decida cuál de todas ellas le gustaría rellenar. Solamente puede rellenar una elipsis por obra.

Rellenar significa, obviamente, que usted escribirá e injertará lo que falta: eso que el autor del libro decidió omitir por razones de economía, por cuidado del ritmo o por afán de intensidad expresiva.

En su video *L'Ellipse* (1999), Pierre Huyghe convoca al actor Bruno Ganz para que actúe frente a las cámaras un plano que está sugerido (pero elidido, dejado fuera) en una película de Wim Wenders.

«La hipótesis —dice Huyghe— de un momento intermedio».

Rellene añadiendo unas palabras. Unas frases. Lo indispensable o más que eso.

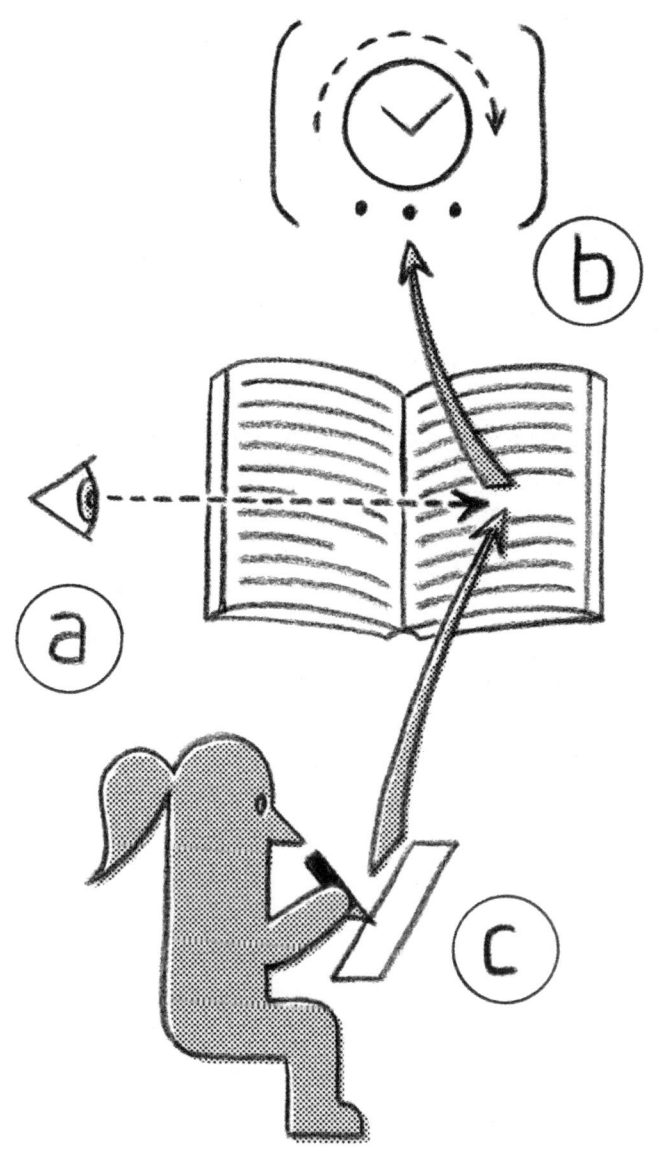

Escoja un poema que no le guste demasiado.

Léaselo en voz alta a un programa de reconocimiento de voz.

Compare el resultado obtenido con el original.

Si hay diferencias (lo cual es probable), dele a leer los dos poemas a un amigo y vea si acierta en saber cuál es el original.

TOME UN LIBRO PUBLICADO en un idioma que no entienda.

Haga como Jean-Paul Sartre cuando niño, según lo cuenta en *Las palabras:* lea fingiendo que entiende lo que está escrito; recorra con sus ojos las líneas negras, «sin saltearse una sola», contándose a usted mismo una historia en voz alta.

ENCADENE DOS AUTORES CUYOS nombres y apellidos permitan hacerlo.

Por ejemplo: Upton Sinclair Lewis, como bromeaba Vladimir Nabokov amalgamando a Upton Sinclair con su colega y compatriota Sinclair Lewis. Por ejemplo: Henry James Joyce, Walter Scott Fitzgerald o Victor Hugo Ball.

Busque dos textos de ellos que, a su juicio, podrían haber sido escritos por ese «doble monstruo» que usted acaba de crear.

LLEGA el verano y usted no dispone de dinero para salir de vacaciones.

Póngase de acuerdo con otra persona (un buen amigo, alguien de confianza) que esté igual de seco que usted. Vayan juntos a una biblioteca pública (no se demoren: las bibliotecas tienen la malsana costumbre de cerrar durante el verano, justo cuando la gente tiene tiempo para leer) y elijan dos guías de turismo o, llegado el caso, dos novelas en las que cierta ciudad es poco menos que la protagonista central: *Berlín Alexanderplatz* de Alfred Döblin y *Petersburgo* de Andrei Biely, por ejemplo.

Las dos ciudades deben quedar en un país diferente al que usted y su amigo habitan y deben ser, a la vez, dos ciudades no muy cercanas, separadas por más de mil o mil quinientos kilómetros.

Cada cual leerá atentamente la guía (o la novela) a lo largo de tres semanas.

Paso siguiente: su cómplice y usted se encontrarán en un café o en algún otro sitio público y se contarán uno a otro el hermoso viaje que hicieron, respectivamente, a Hong Kong y Budapest, a Ottawa y Ciudad del Cabo...

Detalle fundamental: aparte del relato oral debidamente ensayado, cada uno llevará al encuentro alguna «huella palpable» del viaje. Un regalo. Un falso recuerdo de la falsa travesía. Ideas posibles: una prenda típica del otro país, unas fotos descargadas de Internet y «recargadas» en su teléfono o una pequeña cicatriz superficial, culpa de un taxista muy vehemente o de un golpe al bajar del avión.

AL FINAL DE LA lectura de una novela o de un relato, haga una lista de cosas que el texto no incluye.

Desde luego, su lista podría ser infinita.

Limítela por lo tanto a quince puntos: cinco acciones, cinco objetos, cinco sentimientos, cinco profesiones y cinco palabras que no aparecen o que no recuerda haber cruzado durante su lectura.

III.

BUSQUE EN LA GUÍA telefónica o en Facebook (o en un lugar similar) a una persona que se llame como el autor del libro que está leyendo. El mismo nombre, el mismo apellido.

Escoja una frase del libro, una sola, cópiela y envíesela sin explicar de qué se trata el asunto ni de dónde proviene la cita.

No diga tampoco quién es usted. Mande una carta anónima o, en su defecto, un email desde una cuenta inventada bajo un nombre falso.

Si existe más de un homónimo, escoja diferentes frases. Una para cada uno de ellos.

Vaya con otra persona a una biblioteca o a una librería.

Pídale a su cómplice que escoja un libro cualquiera, sin indicarle a usted el nombre del autor ni el título ni el «sector» o el «rubro» donde lo halló.

Pídale que lea una página al azar.

Trate de adivinar si es un libro escrito originalmente en su idioma o si es una traducción.

Trate de adivinar si el libro es actual o si fue publicado hace más de veinte años.

Trate de discernir si el autor es un hombre o una mujer y si, al escribir este libro, tenía más de 40 años de edad.

Puede ponerle una puntuación a cada ítem: 5 puntos para el sexo del autor, 2 puntos para traducción o no, 3 puntos para fecha de publicación, 4 puntos para la edad del autor, por ejemplo.

Mientras leía la última novela que ha pasado por sus manos, usted sintió en dos o tres momentos que, si hubiese querido abandonar el libro, determinados pasajes habrían sido los perfectos, como quien siente que ha llegado la oportunidad para bajarse de un tren en movimiento.

Explique en menos de cincuenta o sesenta palabras a qué se ha debido esta sensación.

Haga una lista con los momentos ideales para fugarse de otros libros.

Busque en varios libros (sobre todo, ensayos) un índice final o un fragmento de índice onomástico o temático que pueda abordarse como si fuera un poema.

Léalo en voz alta, sin tomar en cuenta los números de las páginas.

Podría deparar un texto como:

> *leyes*
> > *contra la usura*
> > *de la matemática*
> > *de la naturaleza*
> > *divinas*
> *libertad*
> *libre albedrío*
> > *dilema*
> > *y moralidad*
> *libros de la escuela de Mahoma*
> *libros*
> > *como catálogo y listas*
> > *como oráculo*
> > *en hebreo*
> > *(formas alternativas)*
> > *libro de la vida*

BUSQUE EN SU BIBLIOTECA varias novelas en las que muera un personaje. No aquellas en las que se menciona al pasar, como una información, que ha muerto tal o cual, sino esas otras novelas en las que se escenifica la muerte de un personaje y este fallece en los brazos del lector.

Recoja o compre un puñado de pequeñas flores silvestres. Deje pasar unos días, unas horas hasta que las flores empiecen a secarse.

Introduzca una flor en cada una de las páginas donde se narre una muerte.

ESCOJA DIEZ LIBROS DE su biblioteca: cinco de los que recuerde dónde y cuándo los leyó; cinco de los que haya olvidado el contexto de su lectura.

Ricardo Piglia cuenta que dividía a sus libros en dos grandes grupos, de acuerdo con este principio, y que solo los primeros habían dejado «una marca» en él: «Un libro en el recuerdo tiene una cualidad íntima solo si me veo a mí mismo leyéndolo».

Si hay casos en los que recuerda dónde, pero no cuándo ocurrió la lectura (o al revés), seleccione uno o dos quintetos adicionales.

UN HÁPAX ES UNA palabra que aparece una sola vez en determinado contexto, ya sea en un libro específico o en la obra entera de un autor.

Rastree hápax en obras de dominio público. Tome varias novelas clásicas y emplee la función «buscar» del ordenador.

Haga una lista de dos columnas: a la izquierda, el título de la obra; a la derecha, el hápax.

Trate de descubrir hápax sorprendentes; es decir, palabras que en principio un escritor emplearía más de una vez en el marco de una novela.

COPIE UN FRAGMENTO DE un poema que le guste o le llame la atención especialmente. Por ejemplo, este verso de Robert Browning: «Nuestro interés se halla en el lado peligroso de las cosas».

Busque una novela en la que podría deslizar este verso (o los versos que usted haya escogido) a manera de epígrafe.

Variante: copie una frase de una novela que pueda servir de epígrafe en otra novela. A continuación, busque el libro ideal para esta frase, dentro del cual encontrará otro posible epígrafe. Haga una cadena de epígrafes y novelas.

Inscríbase en un taller de escritura cuya mecánica de trabajo no consista en escribir durante el encuentro, sino en leer y comentar textos que los miembros han escrito en la semana o incluso anteriormente.

Confirme que la mecánica es esta, antes de pasar a la etapa siguiente.

En tal caso, vaya al taller todos los martes (suponiendo que se imparta los martes, cosa sumamente probable) con un texto de otro autor: un texto o un fragmento publicado, pero que no sea reconocible. Puede tratarse, desde luego, de un texto muy poco conocido de un escritor renombrado o un texto ignoto de un escritor ignoto.

Trate de elegir un texto que no suscite sospechas por su estilo un tanto pasado de moda o por su inconfundible aroma a traducción. Es fundamental que los otros crean que usted ha escrito el texto.

Puede cambiar de autor todos los martes o recorrer el taller de la mano de un solo autor que se convertirá en su doble. En el primer caso, compruebe que nadie sospeche sus cambios de autor.

Lleve al taller textos que le desagraden tanto como otros que le agraden. Haga la prueba de leer en voz alta un martes un texto que ya ha analizado con lujo de detalles y, en cambio, otro martes lea páginas que apenas conoce y que casi descubre delante de sus compañeros.

Planifique la lectura de tres novelas escogiendo cuidadosamente la ropa que llevará puesta.

Busque tres tipos de vestuario diferente para cada uno de los libros: (a) traje y corbata; (b) estilo «informal» con bastante presencia de jean; (c) estilo deportivo: *jogging*, etcétera.

Justifique sus elecciones.

Por ejemplo: David Markson cuenta en *Esto no es una novela* que el editor del *Novy Mir* empezó a leer *Un día en la vida de Iván Denísovich* (Solzhenitsyn) en la cama, pero «quedó tan impresionado que no solo se levantó, sino que se puso un traje y una corbata para terminar de leerlo con lo que consideró que era el debido respeto».

Telefonee a su trabajo para dar parte de enfermo.

Finja esa afonía y esa tos que le salen tan bien, diga que tiene una fiebre de «alrededor de cuarenta», diga que le duelen las piernas o la espalda o las dos cosas y que tiene una jaqueca insoportable.

Siéntese luego en un sillón.

Busque el libro que (si fuera verdad su excusa para faltar al trabajo) tendría el poder de curarlo en diez minutos.

Hágase invitar a una fiesta, pero no a una fiesta cualquiera. Logre colarse en una fiesta que se celebra en un hogar con una gran biblioteca.

En un momento de distracción general, sin que nadie vea sus actos, tome un libro, escóndalo en un bolsillo o en un lugar semejante y abandone la fiesta sin despedirse de nadie.

Vaya a su casa y lea el libro lo más rápido posible.

Devuélvalo por correo, metido en un sobre anónimo.

Una variante posible: si algo le hace sospechar que ese libro es muy valioso para el dueño (si ve que hay marcas o signos de exclamación de puño y letra junto al texto), mande por correo una carta como si fuera un raptor. Escriba que tiene el libro; añada acaso una foto como prueba. Exija una recompensa para devolver al rehén. En tal caso, deje que el otro (o sea, el dueño) fije el precio de su libro.

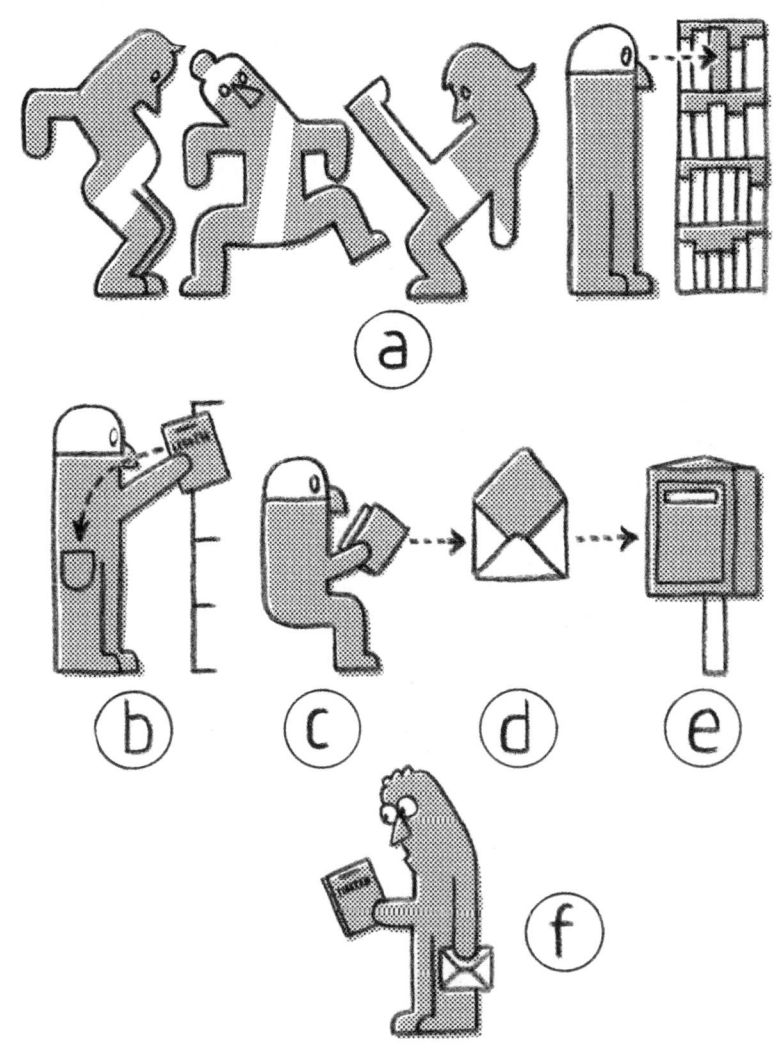

BUSQUE UNA VIEJA PELÍCULA muda.

Busque a continuación un poema o un relato muy breve que podría leerse mientras se proyecta la película. O que podría insertarse a manera de audio.

Otra opción: busque una vieja película muda y use un poema para armar los intertítulos de la película.

Finja que no ha entendido el final de un cuento que, por cierto, tiene la reputación de ser bastante simple.

Páseles el cuento a diez personas diferentes, pídales que se lo expliquen.

Apunte cada una de las explicaciones con la mayor fidelidad posible.

Escoja no la respuesta que «explica mejor» el cuento, sino la que a su juicio es la más hermosa.

ESCOJA CUATRO POEMAS: UNO que tenga entre tres y cinco versos, otro de diez o doce versos, otro de más de quince y menos de veinte versos, y el cuarto de veinticinco versos exactamente.

Léalos todos en voz en alta cumpliendo la regla siguiente: la lectura de cada poema debe durar un minuto exacto.

Ajuste la velocidad, tal como lo hacía John Cage al leer los cuentos de su *Indeterminación*.

Puede ensayar al principio con la ayuda de un reloj.

126.

Un poema de salmón debe leerse de abajo hacia arriba, a imagen de ese pez que nada contra la corriente.

Busque «poemas de salmón involuntarios» en la obra de otros escritores. Para ello, lea diferentes poemas de abajo hacia arriba.

Los poemas de salmón deben contener seis versos en total (uno por cada letra de la palabra «salmón») y hablar de agua, de peces o de mares. Los seis versos que usted rescatará tienen que ser sucesivos en el poema original.

En su maniobra de salmón, usted (a) puede alterar los signos de puntuación; (b) debe remplazar un sustantivo del poema por la palabra «salmón».

Copie algunos de los resultados. Por ejemplo, estos seis versos a contracorriente de Luis Cernuda:

Su fulgor puede destruir vuestro mundo.
Brilla en la hora vengativa.
Una chispa de aquellos placeres
Sombras de sombras, miseria, preceptos de niebla;
Abajo, estatuas anónimas,
Salmones, salmones relampagueantes que aniquilan.

Elija el momento que, a su juicio, resultaría el más insólito para leer silenciosamente en público.

Puede ser el momento en que su familia está haciendo la cuenta regresiva de Año Nuevo, o tal vez el momento en que usted debería soplar las velas de su cumpleaños, o tal vez el momento de la fiesta en el que sus compañeros de trabajo resolvieron poner música y bailar...

Escoja ese momento y, ¡zas!, abra un libro.

Puede escoger el libro de acuerdo con el momento.

PASE UN DÍA ENTERO viajando en los transportes públicos, leyendo por encima del hombro de los pasajeros.

Colóquese siempre al lado o detrás de alguien que esté leyendo un libro, un diario o incluso un libro electrónico o una tableta.

Busque ecos o continuidades entre una y otra «lectura robada».

Seleccione un cuento relativamente breve (de no más de tres o cuatro páginas), narrado en primera persona.

Vea en qué novela podría injertar ese cuento a manera de «relato enmarcado»: una de esas historias que, en medio de la novela, determinado personaje cuenta a los otros o sencillamente al lector.

Trate, desde luego, de que el relato guarde cierta coherencia y resuene con el contexto.

CONSIGA CUATRO EJEMPLARES DE un mismo libro de poesía.

Invite a un grupo de tres o cuatro personas.

Cada invitado recibirá, al azar, un sobre cerrado. Dentro del sobre, una hoja escrita previamente por usted indicará una acción o un objetivo: «declárele su amor a una persona», «consiga un préstamo de dinero», «hágase perdonar después de una grave ofensa», etcétera.

Cada invitado buscará el poema del libro que, a su juicio, mejor podría ayudarlo a cumplir dicho objetivo.

SEPARE DIEZ LIBROS QUE con el paso del tiempo hayan adquirido un olor especial.

Trate de definir cada uno de estos olores. Pregúntese si el olor tiene algún tipo de vínculo casual con el título, con el tema o con las acciones que presenta el libro.

Si a sus libros les falta olor (no sería la primera vez), imagine el olor ideal para algunas de sus novelas preferidas.

DIBUJE LA FORMA DE cinco o diez poemas provenientes de un mismo libro: el resultado será una galería de siluetas vacías.

Para hacerlo: trace los contornos superiores de las palabras del primer verso, más los contornos inferiores de las palabras del último verso, así como los contornos «exteriores» de las primeras y últimas letras de los versos restantes. En caso de verso blanco o interlínea, limítese a unir los contornos existentes por medio de una línea recta.

Puede usted optar por un color diferente para cada silueta, en función de lo que le sugiera el poema.

MUCHOS LECTORES OLVIDAN UN marcapáginas en los libros leídos.

Si usted no es uno de ellos, compre, robe o logre que le regalen muchos marcapáginas y, una vez que los haya conseguido, vea cuál queda mejor en cierto libro y cuál queda mejor en otro.

Decida también entre qué páginas cumple mejor su función de recuerdo o de celebración del texto.

Si usted es uno de los lectores que tienen esta costumbre: (a) vea si hay libros que (por olvido o error) no tienen señalador; (b) intercambie los ya existentes.

Variante: busque otras marcas y otros señaladores en las novelas que hay en su biblioteca. Si entre las páginas encuentra un billete de tren, una tarjeta de visita o una factura comercial, intégrelos en la trama de la novela.

Lea un libro sin importancia, ni famoso ni valorado, como si fuese el único en la historia de la humanidad o, por qué no, el único de otra civilización bastante parecida a la nuestra.

Evalúe, a partir del libro, a esta civilización.

Busque en el libro, en cada una de sus frases, en la más accidental de sus palabras, algún rastro de esos libros que usted tal vez pudo leer, pero que de ahora en más no existen ni existieron nunca.

Test de gombrich: «ping» y «pong» son las únicas palabras disponibles de un idioma imaginario.

Si el mar es ping y la montaña es pong, si el ping-pong es ping y el tenis es pong, si el jazz es ping y el blues es pong —o lo contrario, a su juicio—, disponga una serie de binomios de autores (Beckett y Joyce, Camus y Sartre), de libros (la *Ilíada* y la *Odisea*) o de géneros y formas (novela histórica y policial, haiku y soneto) y califique a uno u otro con «ping» o «pong».

Haga lo mismo con un libro de cuentos: póngale «ping» o «pong» a cada uno de los relatos.

136.

Con el paso de los siglos hemos olvidado que buena parte de las grandes novelas clásicas llevaban un «segundo título»: *Eugenia Grandet. Historia de provincia* (Balzac), *La feria de las vanidades. Una novela sin héroe* (Thackeray), *Silas Marner. El tejedor de Raveloe* (George Eliot).

Tome un puñado de novelas más o menos recientes y súmeles un «segundo título», salvo en esos raros casos donde el autor imitó a un escritor como Hermann Broch con su *Esch o la anarquía* y su *Huguenau o el realismo*.

Puede hacer también una lista con subtítulos más o menos conocidos (*Costumbres de provincia* en el caso de *Madame Bovary*, de Flaubert; *El hijo de la parroquia* en el caso de *Oliver Twist*, de Dickens) y emplearlos en novelas publicadas después de 1990.

PASE UN DÍA ENTERO en una librería leyendo, libro tras libro, las biografías de los autores, los textos de solapa y contracubierta, las listas de los otros libros publicados, los agradecimientos, las dedicatorias y todas las informaciones suplementarias, pero ni una sola línea del texto del autor.

Concédale un premio imaginario al mejor libro en este aspecto.

Dibuje un tablero como el de las tarjetas del Bingo.
El tablero tendrá cinco cuadrados por cinco.

Cúbrase los ojos con una especie de venda y tome
un libro al azar de su biblioteca. Ya sin la venda, tome
las primeras cuarenta palabras de la novela, evitando
las repeticiones. Usted puede, si lo desea, evitar las
palabras más raras o menos corrientes o solo seleccio-
nar sustantivos, adjetivos, verbos y adverbios. Es usted
libre de elegir el criterio que juzga más conveniente.

Escriba cada una de las cuarenta palabras en una
pequeña hoja de papel, doble en cuatro todas las hojas
y métalas en una bolsa, en una caja de cartón o en un
sombrero.

Extraiga veinticinco palabras y escríbalas, una tras
otra, en cada casillero de su tarjeta de Bingo.

Vuelva a guardar y mezclar las palabras. Extráiga-
las otra vez y haga lo mismo en otra tarjeta.

Repita todas las veces que haga falta, según la cantidad de jugadores.

Distribuya las tarjetas, una por cada jugador, y tome
otro libro, siempre al azar. O, si lo prefiere, utilice el mismo libro, nuevamente desde el principio.

Usted o alguien que no participa en el juego leerá en voz alta el libro, muy lentamente.

Los oyentes tacharán las palabras de sus tarjetas.

El primer jugador que tacha una línea ganará diez o veinte puntos. Las líneas horizontales, verticales y aun diagonales pueden ser recompensadas.

El primero que tache todas las palabras de su tarjeta (¡Bingo!) será el ganador de la velada.

VISITE BAJO LA LLUVIA un pequeño cementerio de una ciudad extranjera con el fin de dejar un libro de regalo para un muerto, un libro de su biblioteca que usted habrá elegido antes de partir.

Camine por el cementerio hasta que la lluvia detenga su terca dactilografía en la tela del paraguas.

Deje entonces de caminar y en la tumba más cercana (la elegida por la tregua de la lluvia) deje el libro, como si fuera una flor.

Se cuenta que, en tiempos de los faraones y las pirámides, los egipcios pedían que, al morir, los enterraran con sus gatos favoritos. Se embalsamaba entonces a los gatos y se los colocaba de tal forma que calentasen los pies del muerto.

Siguiendo esta tradición, imagine que usted pidió que lo enterrasen con una pequeña biblioteca.

Escoja los libros para su viaje final: uno o dos que hagan de almohada; un libro bajo cada codo, para que su reposo eterno sea más cómodo; dos libros más, como dos gatos del Nilo, para que mantengan la buena temperatura en sus pies.

IMAGINE (AUNQUE NO ES grato) que encuentran muerto en la calle, caído cerca de una esquina, a un pariente o a un amigo.

Imagine qué libro encuentran en su bolso, en su bolsillo, en su mochila.

Repita la operación con varias personas distintas. Escoja sus últimos libros.

Hágalo al fin con usted mismo.

JUEGUE A CARA O cruz con un libro.

Láncelo por los aires.

Si cae cara arriba (cubierta) tendrá que leerlo en el acto.

Si el resultado es cruz (cubierta contra el suelo) no podrá volver a leerlo nunca más.

Si tiene ganas, haga la misma experiencia con el libro que tiene ahora entre sus manos.

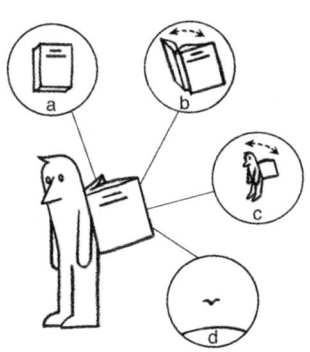